NOTICE BIOGRAPHIQUE

SUR

L. PREVEL

ARCHITECTE

MEMBRE DE LA SOCIÉTÉ DES ARCHITECTES DE NANTES

NANTES

IMPRIMERIE VINCENT FOREST ET EMILE GRIMAUD

PLACE DU COMMERCE, 4

—

1889

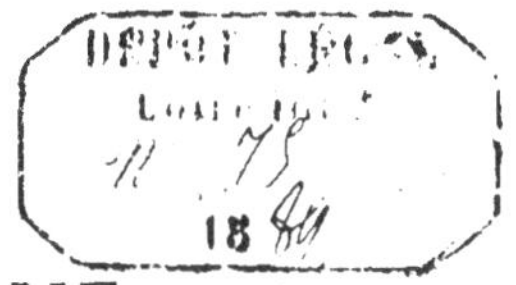

NOTICE BIOGRAPHIQUE

SUR

L. PREVEL

NOTICE BIOGRAPHIQUE

SUR

L. PREVEL

ARCHITECTE

MEMBRE DE LA SOCIÉTÉ DES ARCHITECTES DE NANTES

NANTES

IMPRIMERIE VINCENT FOREST ET EMILE GRIMAUD

PLACE DU COMMERCE, 4

—

1889

NOTICE BIOGRAPHIQUE

SUR

L. PREVEL

ARCHITECTE

Une phrase, souvent prononcée par Prevel, caractérise bien sa personnalité : ses ressources, disait-il, dépassaient de beaucoup ses désirs. Ce qu'il souhaitait avant tout, c'était une vie paisible, tranquille, lui permettant de se livrer aux occupations qui l'intéressaient. Maintenant qu'il n'est plus, cette manière si modeste de comprendre l'existence, impose d'exposer simplement les différentes phases de sa vie professionnelle et artistique.

Prével, Louis-James, naquit à Nantes, le 1ᵉʳ octobre 1832 ; il fit ses études au lycée de cette ville. De bonne heure il montra un goût prononcé pour le dessin, mais son père combattit cette tendance, pensant qu'il n'avait ni les dispositions, ni la fortune nécessaires pour arriver à un résultat satisfaisant.

En quittant le lycée, Prevel fut placé dans une maison de commerce ; cette situation lui plaisait peu, il la supportait difficilement, et en adoucissait les ennuis en s'occupant de peinture avec Sortais, son maître. Enfin, après deux années d'essais, il abandonna le commerce pour se livrer aux études architecturales et entra chez notre regretté confrère Bourgerel ; il y resta environ une année. Son père, toujours peiné de lui voir abandonner la carrière commerciale, se plaignait à Bourgerel, mais celui-ci lui donna tort et déclara nettement que Prevel avait de réelles dispositions et qu'il dessinerait.

Cette appréciation d'un artiste éminent et sincère décida de l'avenir de Prevel qui, dès lors, put continuer ses études sans entraves.

Il entra à l'atelier Questel, où il passa trois années. C'était à la même époque qu'un autre de nos confrères, Joyau. Sous la direction de son maître, il s'occupa des travaux d'aménagement et de restauration du château de Versailles.

De retour à Nantes, en 1861, il prit part à un concours pour une église. Joyau fut classé le premier et remporta la médaille d'or, lui fut le second et obtint la médaille d'argent. Plus tard, en 1862, il concourait à Nancy pour la construction de l'église Saint-Epvre et ce concours lui valut la médaille d'or.

A Saint-Brieuc, en 1865, dans un concours relatif encore à une église, une médaille d'argent récompensa ses efforts.

Prevel exécuta ensuite différents travaux dont les principaux sont : l'hôpital de Blain, les écoles communales de Saint-Omer et de Saint-Émilien, une maison de campagne à Cordemais, l'hôtel du docteur de Closmadeuc à Vannes. En collaboration avec notre regretté confrère de Raymond, il restaura l'église fortifiée du Boupère en Vendée.

Ses occupations professionnelles ne l'empêchaient pas de se livrer à son penchant pour l'aquarelle ; il rapporta d'un voyage de Bretagne, fait en touriste avec Lesant, un grand nombre d'études fort intéressantes. Prevel fut reçu à la Société des architectes de Nantes en mars 1862. Nommé secrétaire-trésorier en 1863, il fut délégué en 1874, 1879, 1882, et vice-président en 1880.

En se mariant, il trouva une compagne qui partageait complètement ses goûts modestes ; cette heureuse situation lui permit d'abandonner la partie professionnelle de l'architecture pour se livrer exclusivement à la peinture et à l'archéologie. Il fit alors un grand nombre d'aquarelles, dont quelques-unes furent exposées à Nantes en 1886. Le catalogue de cette Exposition des Beaux-Arts, qui fut sans contredit le meilleur et le plus complet qui ait été fait, est son œuvre.

On doit à Prevel plusieurs toiles, dont quelques-unes ont figuré aux Expositions de Rennes, Vannes et Nantes. Parmi les plus remarquables, il faut citer les blés et les foins.

Comme archéologue, Prevel a écrit les ouvrages suivants :

1874. — *Histoire de Tiffauges. La corporation des apothicaires de Nantes.*

1878. — *Compte rendu de l'Histoire de Savenay*, de Ledoux.

1879. — *Notice sur Odette de Champdivers et Marguerite de Valois, sa fille.*

Son œuvre la plus considérable est une étude sur le château de Blain, faite en 1867 ; elle est accompagnée de cinq feuilles grand aigle, donnant l'état ancien, ainsi qu'un essai de restauration.

Prevel a été secrétaire de la bibliothèque de Nantes et lui a légué ses manuscrits, ainsi que les documents historiques qu'il possédait.

C'est à la fin de l'Exposition des Beaux-Arts de 1886, dont il était le secrétaire, que Prevel ressentit les atteintes du mal qui devait l'emporter. Les soins affectueux qui lui furent prodigués, sa gaîté naturelle et son amour de l'art lui ont voilé les approches de la mort : il s'est éteint dans le calme.

Ceux qui l'ont connu dans sa jeunesse garderont le souvenir d'un bon et modeste camarade, et la Société des architectes de Nantes est fière d'enregistrer dans ses archives le passage d'un confrère estimable et d'un homme de bien.

Nantes, 4 février 1887.

Nantes. — Émile Grimaud, imprimeur breveté, place du Commerce, 4.

www.ingramcontent.com/pod-product-compliance
Lightning Source LLC
LaVergne TN
LVHW010923180726
843502LV00010B/4278